¡Manifiesta Tu Mejor Vida!

por

Dr. Roberto Jimenez

Del Autor

Bienvenido a todos/todas!

Mi nombre es **Dr. Roberto Jiménez**. Soy Psicoterapeuta con más de 20 años de experiencia clínica con niños y adultos. Soy un supervisor MFT calificado y mi enfoque con los clientes es ecléctico, adaptado a sus necesidades y deseos únicos. Trabajo con individuos, parejas, familias, niños, adolescentes, ancianos y la comunidad LGBTQ.

Manifiesta tu mejor vida es un libro rápido y fácil de seguir que ayuda a las personas a comprender el proceso de manifestación, desde revisar nuestros pensamientos, sentimientos, creencias y ética laboral hasta hacer realidad nuestros sueños.

Tengo licencia en las siguientes ubicaciones:
- Terapeuta matrimonial y familiar con licencia en FL (MT1984)
- Consejero de salud mental con licencia en FL (MH10038)
- Terapeuta Matrimonial y Familiar Independiente en Ohio - IMFT (F.2200249)
- Consejero Profesional Licenciado - LPC en Puerto Rico (4568)
- Terapeuta matrimonial y familiar con licencia - LMFT en Carolina del Norte (2390)
- Terapeuta matrimonial y familiar con licencia - LMFT en Arkansas - (M2210004)
- Consejero profesional con licencia - LPC en Arkansas (P2210018)
- Terapeuta matrimonial y familiar con licencia - LMFT en California
- Terapeuta matrimonial y familiar con licencia - LMFT en Nueva Jersey
- Terapeuta matrimonial y familiar con licencia - LMFT en Guam (MFT-027)
- Terapeuta matrimonial y familiar - LMFT en Minnesota (Tomando el examen legal y de ética el 15 de febrero de 2023)

Manifiesta Tu Mejor Vida

Todas las personas tienen metas y sueños que aspiran a alcanzar. Sin embargo, mientras algunos los alcanzan con confianza y facilidad, otros apenas se abren camino hacia el éxito a base de lucha. La razón de esta sorprendente diferencia radica en las distintas mentalidades que demuestran estas dos categorías de personas. Mientras que las personas que no creen que puedan alcanzar el éxito se centran en los obstáculos, las que tienen una autoestima alta se centran en las oportunidades y se dan cuenta de que disponen de todos los recursos y competencias para hacer realidad sus objetivos más audaces.

La mentalidad es algo que nunca hay que subestimar. Es una actitud mental hacia uno mismo, hacia los demás y hacia la vida en general, que define el enfoque que los seres humanos utilizan al enfrentarse a diversas tareas. A largo plazo, es la mentalidad la que determina los comportamientos y las decisiones de una persona. La mentalidad está directamente relacionada con los resultados que obtienen las personas. Los líderes con más éxito saben utilizar al máximo la capacidad de sus poderosas mentes a la hora de abordar complejidades. Conocen perfectamente el poder de la manifestación, que es un fenómeno que ayuda a convertir los objetivos y las ideas en realidad. Se trata de la determinación de las personas a tomar las riendas de sus vidas. **Manifestar les anima a comprender que no son víctimas de las circunstancias.** Por el contrario, promueve la idea de que cada ser humano forja su destino. **Siempre es importante recordar que cada persona tiene todo lo necesario para empezar a manifestarse. La clave está en mirar en nuestro interior y explorar nuestro potencial. El paso más importante para las personas que quieren hacer realidad sus objetivos y sueños es trabajar con su mentalidad.**

Mentalidad Crecimiento Mental

Un crecimiento mental es la base de la manifestación, porque se basa en la idea de que las personas pueden desarrollar sus capacidades y habilidades a lo largo de su vida. Significa que todos los seres humanos pueden actualizarse hasta un nivel que les permita alcanzar sus metas y sueños con mucha más facilidad. Quienes tienen una mentalidad de crecimiento saben que la dedicación y el trabajo duro siempre darán sus frutos porque estos esfuerzos les ayudarán a pasar al siguiente nivel. Esta disposición mental es importante en última instancia porque anima a las personas a creer que sus esfuerzos merecen la pena. También es esencial recordar que un crecimiento mental es algo que hace a las personas más independientes. Al creer que pueden desarrollar sus capacidades y habilidades, reconocen que una parte sustancial de su éxito depende de la calidad de este trabajo. Aunque siempre es importante buscar el apoyo de los demás, las personas tienen que reconocer que para facilitar su crecimiento personal tienen que invertir mucho de su propio tiempo y esfuerzo. Al aprovechar su crecimiento mental, los seres humanos creen que siempre se puede alcanzar el siguiente nivel de desarrollo. Esta mentalidad impulsa su motivación para trabajar más porque saben que la superación personal les acercará a sus sueños más preciados. Por lo tanto, un crecimiento mental comunica la idea de que las personas tienen que buscar primero oportunidades de crecimiento dentro de sí mismas.

Mentalidad De Abundancia

La mentalidad humana incorpora muchas dimensiones diferentes, y uno de los aspectos más esenciales de la mentalidad que ayudan a las personas a alcanzar el éxito más fácilmente está representado por centrarse en la abundancia. Manifestar metas y sueños es un proceso que se concentra en la idea de que el mundo tiene una cantidad ilimitada de recursos. Sin embargo, muchos individuos tienen una perspectiva completamente diferente, teniendo una mentalidad de escasez (Davis, 2023). En lugar de explorar las infinitas oportunidades que ofrece el mundo, se aferran a la creencia de que no tienen suficientes recursos determinados. Por ejemplo, algunos pueden pensar que la falta de dinero es su principal barrera para el éxito. Otros están obsesionados con la idea de que no tienen suficiente apoyo para alcanzar sus objetivos. Una mentalidad de escasez les hace pensar que siempre habrá escasez de recursos cruciales para su desarrollo. De hecho, esta creencia suele estar profundamente arraigada en experiencias negativas a las que las personas se enfrentaron en etapas anteriores de su vida. Por ejemplo, algunas de ellas se criaron en una familia disfuncional, recibiendo poco o ningún apoyo de sus padres. Muchas personas nacieron en la pobreza, y este hecho hace que se centren siempre en la escasez. Sin embargo, es importante recordar que el mundo puede proporcionar recursos suficientes a todos. Las luchas pasadas o presentes no deben hacer pensar a la gente que le faltará algo para siempre. La vida es cambio y desarrollo y, por tanto, siempre es crucial cultivar una mentalidad de abundancia. En última instancia, la idea de abundancia cambia el enfoque de los seres humanos. Los que tienen una mentalidad de escasez a menudo optan por no avanzar, temiendo no tener suficiente dinero o apoyo. Como resultado, sabotean su éxito, sin moverse ni realizar ningún esfuerzo.

La mentalidad de la abundancia hace que las personas se comporten de una manera completamente diferente. Forma su confianza en que el mundo ofrecerá los recursos más relevantes, que apoyarán su crecimiento a futuro. Al creer que siempre habrá suficiente de algo, la gente no tiene miedo de hacer cambios audaces. La mentalidad de la abundancia les infunde valor para cumplir sus ambiciones porque

 Dr. Roberto Jimenez • *¡Manifiesta Tu Mejor Vida!*

saben que el mundo está lleno de oportunidades. Por lo tanto, siempre es importante elegir la abundancia en lugar de la escasez, recordando que el mundo tiene abundantes recursos que pueden beneficiar a los seres humanos.

Mindfulness (Mentalidad Plena)

Manifestar metas y sueños es un proceso el cual requiere que las personas desarrollen su mentalidad plena. Este término significa conciencia humana de la realidad (Davis, 2023). Cuando entienden claramente quiénes son, cómo les han influido sus experiencias y qué circunstancias conforman su vida actual, pueden comprender cómo utilizar estos aspectos para convertirse en mejores versiones de sí mismos. Mindfulness se basa en la conciencia profunda, que ayuda a las personas a aceptarse primero a sí mismas y luego a identificar las áreas que les gustaría cambiar. Por ejemplo, una persona criada en una familia maltratadora debe reconocer cómo influyeron esas experiencias infantiles en su mentalidad actual. Siempre es importante reconocer el impacto de esos factores traumáticos porque suelen contribuir a la formación de pensamientos negativos sobre el mundo. La atención plena ayuda a las personas a comprender que, aunque sus miedos sean producto de sus experiencias adversas, no reflejan necesariamente el estado real de las cosas. Al comprender la influencia de su pasado, pueden trabajar con él para dar forma a un presente mejor. Del mismo modo, las personas tienen que reconocer sus circunstancias actuales, comprendiendo cómo utilizarlas en su propio beneficio.

Mindfulness también les anima a explorar su personalidad a un nivel más profundo. Analizando los rasgos que definen su enfoque del trabajo, las personas pueden entender cómo mejorar este proceso. Por ejemplo, si identifican que la extraversión es su rasgo de personalidad clave, se darán cuenta de que la comunicación y el trabajo en red les ayudarán a alcanzar el éxito. Aquellos con puntuaciones más bajas de extraversión pueden entender que los motores clave de su desarrollo pueden ser la soledad y la introspección. En consecuencia, el mindfulness anima a las personas a comprenderse mejor a sí mismas y decidir si pueden aprovechar ciertos aspectos de su vida o si tienen que abordarlos para alcanzar el éxito. Esta mentalidad les permite convertir sus debilidades y retos en fuentes de crecimiento y desarrollo. **Mindfulness es esencial porque ayuda a las personas a utilizar su bagaje individual cuando buscan nuevas oportunidades en la vida.**

Actitud Optimista

Otro aspecto de la mentalidad que es excepcionalmente importante para todas las personas que aspiran a alcanzar sus metas y sueños con mayor facilidad está representado por una **actitud optimista**. Representa la tendencia a centrarse en las cosas positivas de la vida (Davis, 2023). Aun así, es importante recordar que una actitud optimista no significa ignorar por completo las cosas negativas y vivir en una feliz ignorancia de que algunos factores afectan significativamente a la calidad de su bienestar. Es difícil negar que todas las personas se enfrentan a retos en algún momento. Sin embargo, quienes tienen una mentalidad positiva deciden no verlos como barreras para su éxito futuro. Una actitud optimista es una decisión deliberada de tratar incluso estos retos como una fuente de desarrollo personal. Por ejemplo, se dan cuenta de que cada fracaso les hace mejores, les ayuda a aprender cosas nuevas y a adquirir habilidades que nunca antes habían dominado. Al centrarse en los aspectos positivos de cada experiencia que afrontan en sus vidas, las personas pueden alcanzar sus objetivos más rápidamente porque entienden que cada paso les acerca más al éxito. Por lo tanto, la gratitud es uno de los componentes más cruciales de una mentalidad positiva porque anima a las personas a valorar todas las cosas que suceden. Cada vez que se enfrentan a obstáculos, tienen que cambiar su enfoque y dedicar tantos esfuerzos como sean necesarios para superarlos.

En consecuencia, es esencial recordar que una actitud optimista es una poderosa fuente de resiliencia. Este concepto se refiere a la capacidad de las personas para adaptarse a situaciones difíciles y prosperar a pesar de los contratiempos o fracasos. Una mentalidad positiva es valiosa en última instancia porque impulsa su determinación para levantarse y seguir adelante sin importar cuántas veces se hayan caído. Un aspecto más de una actitud optimista está representado por un pensamiento positivo centrado en el futuro. Los seres humanos tienen que cultivarlo para manifestar sus metas y sueños con mayor eficacia. De hecho, si las personas creen que sus objetivos son alcanzables, estarán más motivadas para encontrar la manera de cumplirlos. Sin embargo, la falta de un pensamiento positivo centrado en el futuro hace que los mismos objetivos parezcan muy complejos y lejanos. Como resultado, la falta de integración de una mentalidad positiva disminuye la motivación para trabajar en pos de esos objetivos y sueños, que parecen apenas alcanzables. Quienes carecen de un pensamiento positivo centrado en el futuro sabotean constantemente su éxito al demorarse e ignorar así las mejores oportunidades que ofrece la vida.

Ejercicios Prácticos

El arte de manifestar objetivos y sueños puede adoptar distintas formas. Mientras que algunas personas prefieren trabajar con su imagen actual de sí mismas, otras tratan de imaginar su yo futuro. Aunque hay una amplia gama de enfoques para manifestar, todos ellos tienen el mismo enfoque, animar a la gente a trabajar con su mentalidad y potenciarse a sí mismos. Cada persona elige su propio camino a la hora de hacer de la manifestación parte de sus hábitos diarios.

En los siguientes capítulos se describen varios ejercicios que proporcionan consejos prácticos sobre cómo empezar a manifestar y avanzar hacia los objetivos personales.

Afirmaciones Positivas

A muchas personas les cuesta desarrollar un crecimiento mental, centrarse en la abundancia y adquirir una actitud optimista. Esto ocurre porque se criaron en un entorno que afectó a su pensamiento positivo. Como resultado, a menudo sufren de pensamientos negativos, que les impiden poner en práctica sus objetivos y cumplir sus sueños. En última instancia, es importante sustituir estas creencias limitantes (Zapata, 2022). Practicar afirmaciones positivas es una de las mejores soluciones a este problema.

Las afirmaciones positivas son afirmaciones que promueven pensamientos optimistas, capacitando a las personas para pensar mejor de sí mismas, de los demás y del mundo que les rodea. Por ejemplo, afirmaciones como "Vivo en un mundo lleno de bondad" animan a las personas a creer que siempre encontrarán empatía y apoyo. Al afirmar "Siempre hay un mañana mejor", los seres humanos se concentran en la idea de que su vida mejorará día a día. Otras afirmaciones positivas animan a las personas a reformular la imagen que tienen de sí mismas. Por ejemplo, pueden motivarse diciendo palabras como "Soy poderoso" y "Tengo confianza en mí mismo". Este tipo de afirmaciones positivas ayudan a aumentar la autoestima y dan forma a la determinación para trabajar hacia el éxito, funcionando a menudo como profecías autocumplidas. "Todo lo que necesito está dentro de mí" y "Soy suficiente" son afirmaciones que fomentan la autoestima, ayudando a las personas a seguir sintiendo que pueden crear su propia felicidad. Al crear una imagen mental de éxito, las personas hacen que su cerebro active áreas que son responsables de experimentar realmente tales situaciones (Raypole, 2020).

Existe una amplia gama de afirmaciones diferentes y, en última instancia, es importante elegir o crear afirmaciones que resuenen con las necesidades internas de una persona. El primer paso consiste en identificar las carencias y debilidades que hay que abordar. Después, es esencial idear frases que capaciten a la persona para eliminar estos problemas de su vida. Una vez elegidas las afirmaciones, es crucial integrarlas en la propia rutina. Por ejemplo, una persona que quiera manifestar sus metas y sueños debe repetir cada afirmación unas diez veces. Es mejor elegir un par de las afirmaciones más poderosas y concentrarse en ellas. Por lo general, hay que practicar las afirmaciones de 3 a 5 minutos al menos dos veces al día (Raypole, 2020).

La mayoría de la gente tiene por costumbre decir afirmaciones por la mañana nada más levantarse y por la noche antes de acostarse. De este modo, se recuerdan constantemente el valor del pensamiento positivo. Aunque algunos incrédulos dicen que las afirmaciones positivas no funcionan, deben recordar que la clave del éxito es la constancia. Es mejor no saltarse días porque en cuanto la gente se desconecta de las afirmaciones positivas, los pensamientos negativos que se han formado durante décadas empiezan a devorar su mente. Como resultado, es fácil perder la concentración en el propio éxito. Por lo tanto, todos los que deciden recitar afirmaciones positivas para manifestar sus metas y sueños de manera más eficaz deben permanecer pacientes, recordando que la reestructuración cognitiva lleva algún tiempo y esfuerzo.

1.

2.

3.

4.

5.

La realización de objetivos es un proceso que, en última instancia, depende de la capacidad de las personas para centrarse en las cosas que quieren conseguir en la vida. A veces, los seres humanos pierden de vista sus objetivos y se desconectan de ellos. Crear tableros de visión es una de las mejores soluciones que pueden ayudar a las personas a mantenerse centradas en sus objetivos. Para crear un tablero, deben identificar lo que más les importa. Este proceso suele implicar una profunda autorreflexión. Por ejemplo, mientras algunas mujeres quieren forjarse una carrera de éxito, otras aspiran a formar una familia feliz y ser madres. También es probable que los sueños materiales sean diferentes. Mientras la gente quiere conseguir la última versión de un smartphone, otros desean hacerse con una gran mansión.

El paso más importante en el proceso de autorreflexión es identificar los objetivos que son relevantes para una persona en un momento dado. Quienes quieran hacer tableros de visión también deben analizar si sus objetivos reflejan realmente sus deseos. De hecho, a menudo ocurre que las personas desean algo únicamente porque están influidas por los deseos de los demás. Cuando algunas cosas se consideran valiosas en la sociedad, puede resultar difícil resistir la presión. Por lo tanto, las personas tienen que asegurarse de elegir objetivos que reflejen realmente sus aspiraciones individuales y sus valores únicos. A continuación, pueden proceder a la creación del propio tablero visual. Hay muchas fuentes de imágenes, desde revistas antiguas hasta sitios web como Pinterest. El punto clave en este proceso es elegir representaciones visuales que ilustren los objetivos elegidos con la mayor precisión posible. Después de obtener las imágenes directamente de la revista o imprimirlas de Internet, es importante colocarlas en el tablero de visión y ponerlo en un lugar donde sea fácilmente observable. Por ejemplo, puede colocarse en una pared frente al ordenador. La clave es mirar el tablero de visión con la mayor frecuencia posible (Earley, 2021). En este caso, la persona tendrá la oportunidad de visualizar constantemente sus objetivos y no perderlos de vista. A veces, ocurre que las personas comprenden que las metas que colocaron en los tableros de visión ya no resuenan con su interior. Por lo tanto, nunca deben tener miedo de hacer cambios, eliminando algunos de los visuales y adjuntando otros nuevos.

Dr. Roberto Jimenez • *Manifest Your Best Life!*

Dr. Roberto Jimenez • *Manifest Your Best Life!*

Muchas personas emprenden el camino hacia el éxito utilizando el poder de la escritura. Al igual que las imágenes, las palabras les ayudan a identificar sus objetivos y a centrarse en ellos con mayor claridad. Escribir un diario es una de las formas más efectivas de manifestar porque refuerza el pensamiento positivo sobre el futuro. Una de las técnicas más comunes consiste en escribir los objetivos en tiempo presente. Esta técnica de manifestación se denomina escritura del futuro. Anima a las personas a escribir sobre el futuro como si ya lo hubieran vivido. Por ejemplo, en lugar de escribir: "Quiero tener/tendré una casa grande en 2025", es crucial escribir: "Estamos en 2025 y disfruto viviendo en mi casa grande". El punto principal de la escritura del futuro es recablear el cerebro, haciéndole creer que los objetivos son realidad. Al escribir sobre sus sueños en tiempo presente, la gente hace que parezcan alcanzables. Cuando estos sueños se consideran parte de la existencia, se transforman mentalmente en un plan. Por lo tanto, este enfoque del diario ayuda a las personas a establecer nuevas normas y a sentir que sus ambiciosos objetivos cobrarán vida. Como resultado, la persecución de estos objetivos dará menos miedo.

La gratitud es uno de los aspectos más significativos del pensamiento positivo. Anima a una persona a aceptar todo lo que sucede en su vida. El poder de la gratitud es considerable porque ayuda a superar la negatividad y a tratarla con gracia. Por lo tanto, llevar un diario de gratitud es una estrategia crucial que contribuye a la manifestación efectiva. Al escribir una lista de las cosas que agradecen en su vida, las personas consiguen mantenerse centradas en la positividad. En la mayoría de los casos, esas listas contienen cosas que les provocaron buenas emociones y les hicieron más felices en ese momento concreto. Al mismo tiempo, es crucial recordar que una lista de gratitud también puede mencionar algunas dificultades y retos que las personas tuvieron que afrontar en sus vidas. De hecho, estos obstáculos a menudo les animan a crecer y madurar. Por lo tanto, también es importante aprovechar estas oportunidades de desarrollo, reflexionando sobre los principales aprendizajes e ideas de los momentos en que las cosas no fueron bien. En consecuencia, el principal objetivo de una lista de agradecimiento es ayudar a las personas a recordar que su vida está llena de cosas buenas. Al escribir y releer la recopilación de estos valiosos recuerdos, las personas aprenderán a centrarse aún más en los aspectos buenos de su vida. Una lista de gratitud puede motivarles a percibir más cosas con aceptación y amor. Esta técnica de llevar un diario suele animar a las personas a buscar la positividad cada día.

Al expresar constantemente su gratitud, nunca perderán la perspectiva de lo valiosas que son sus experiencias. Una lista de gratitud es algo que puede mantenerles motivados en los momentos en que se enfrenten a retos en el futuro. De hecho, si las personas se dan cuenta de que las dificultades que experimentaron en el pasado les aportaron algunas lecciones útiles, que les beneficiaron en la perspectiva a largo plazo, desarrollarán una mayor resiliencia a la hora de enfrentarse a nuevos problemas. En general, la gratitud es una energía poderosa que permite a las personas adoptar pensamientos positivos e integrarlos en la consecución de sus objetivos. Llevando un diario de las cosas por las que están agradecidas, las personas pueden avanzar más rápido hacia sus metas y sueños porque se darán cuenta de que la vida está llena de oportunidades.

1	
2	
3	
4	
5	
6	
7	
8	
9	
10	
11	
12	
13	
14	
15	
16	
17	
18	
19	
20	
21	
22	
23	
24	
25	

26
27
28
29
30
31
32
33
34
35
36
37
38
39
40
41
42
43
44
45
46
47
48
49
50

Todo individuo puede utilizar el poder del pensamiento positivo orientado al futuro cuando se escribe una carta a sí mismo. Esta técnica contribuye esencialmente a la autorreflexión profunda, que es uno de los fundamentos más significativos de la manifestación efectiva. Por ejemplo, es posible crear una carta a un yo futuro. Para utilizarlas como instrumento para manifestar metas y sueños, las personas tienen que definir las cosas que quieren cambiar en el futuro. Al escribir la carta, deben creer que su yo futuro ha cumplido sus objetivos y vive feliz. Podrían decir algo como: "¡Enhorabuena por crear tu propia empresa y convertirte en el empresario del año! Estoy muy orgulloso de ti", o "¡Me alegro mucho de que hayas encontrado el amor de tu vida y formado una familia! Te mereces amar y sentirte amado cada día". También se puede mencionar cómo se las arreglaron sus yos futuros para hacer frente a los retos a los que se enfrentan en el momento de escribir la carta. La versión en papel de la carta debe introducirse en un sobre y luego cerrarse. Es importante indicar la fecha de apertura en el sobre. La carta debe guardarse en un lugar seguro donde nadie pueda encontrarla. Otra opción es crear un correo electrónico. Por ejemplo, es posible utilizar un servicio de Internet como FutureMe. En este caso, la carta se almacenará en un servidor y se enviará automáticamente al correo electrónico en una fecha elegida previamente por el usuario.

Los beneficios de esta técnica son considerables, ya que este tipo de cartas ayudan a las personas a comprender mejor su realidad actual y su futuro deseado. Además, las cartas al yo futuro les animan a identificar los objetivos que más desean alcanzar. A menudo ocurre que las personas se olvidan de sus planes. El proceso de escribir les motiva a ponerlo todo por escrito y prometer que cumplirán esos objetivos en un plazo determinado. Como estas cartas a los yos futuros incorporan afirmaciones positivas y los elementos de la escritura del futuro, animan a la gente a trabajar para conseguir sus objetivos.

Escribir cartas del yo futuro al yo actual es un enfoque ligeramente distinto de la autorreflexión. En este caso, las personas tienen que imaginar que ya viven en el futuro, imaginando que ya han alcanzado sus objetivos en ese momento. Esta técnica les anima a ponerse directamente en la piel de sus mejores versiones. Por ejemplo, es posible escribir: "¿Sabes que he creado mi propia empresa, convirtiéndome en el empresario del año? ¡Sé que

ahora mismo estás muy orgulloso de mí!" o "¡Estoy tan feliz de haber encontrado al amor de mi vida! ¡Acabo de formar una familia y nunca me he sentido más querida! Esto me hace sentir muy bien". Mientras que una carta a su yo futuro se escribe desde la perspectiva de una persona que aún no ha alcanzado esos objetivos y que solo busca conectar con su futura vida de éxito, una carta a su yo actual coloca al escritor en la posición de un líder que ya ha puesto en práctica sus planes. Muchas personas, que aspiran a manifestar sus metas, encontrarán la experiencia de escribir cartas del yo futuro al yo actual, una experiencia emocionalmente gratificante.

Dr. Roberto Jimenez • *Manifest Your Best Life!*

Aunque algunas personas prefieren centrarse en objetivos a corto plazo, siempre es mejor contemplar los planes desde una perspectiva a largo plazo. Este enfoque puede ayudar a comprender cómo la consecución inmediata de los objetivos a corto plazo se alinea con el propósito principal de la vida. Por lo tanto, cada individuo debe tratar de escribir un plan a 10 años, que contendrá diferentes objetivos y demostrará cómo ciertos logros abrirán las siguientes fases de la vida, presentando nuevas metas. El plan puede adoptar muchas formas, desde una tabla o un diagrama hasta una lista escrita de objetivos clasificados en distintas categorías. Es crucial identificar objetivos a corto, medio y largo plazo. A la hora de elegir estos objetivos, una persona siempre debe aplicar un marco SMART. Esto significa que los objetivos deben ser específicos, mensurables, alcanzables, pertinentes y limitados en el tiempo (Weintraub et al., 2021).

Siempre es importante empezar por identificar la misión clave de cada uno. Por ejemplo, convertirse en CEO de una organización que distribuirá tecnologías innovadoras y contribuirá al desarrollo sostenible a escala mundial es una misión que puede calificarse como objetivo a largo plazo. Por tanto, se considerará un objetivo último que informará el resto de objetivos de menor escala. De hecho, inspirará una serie de objetivos a medio plazo como conseguir 3 años de experiencia en un sector tecnológico, lanzar una startup en los próximos 5 años y aprovechar este tiempo para establecer potentes conexiones empresariales en todos los continentes. Por último, los objetivos a corto plazo deberían representar algunas cosas que llevarán menos tiempo conseguir. Por ejemplo, una persona puede darse cuenta de que, para alcanzar objetivos a medio plazo, es importante ingresar en una escuela de negocios durante el próximo año. Escribir un plan a 10 años es crucial porque anima a la gente a dividir sus grandes objetivos en la vida en pasos más pequeños. Por lo tanto, este elemento de la manifestación les ayuda a ver sus sueños como más alcanzables.

S

Específico (Specific)
¿Que voy a hacer? ¿Por qué es esto importante para mí?

M

Measurable
¿Cómo mediré mi éxito? ¿Cómo sabré cuando he logrado mi objetivo?

A

Alcanzable
¿Qué haré para lograr este objetivo? ¿Cómo lograré este objetivo?

R

Relevante
¿Vale la pena este objetivo? ¿Cómo me ayudará lograrlo? ¿Este objetivo se ajusta a mis valores?

T

Tiempo
¿Cuándo lograré mi objetivo? ¿Cuánto tiempo me daré?

Mi meta es:

Fecha Para Terminar	¿Cómo mediré mi éxito?

Pasos Para Lograr mi Objetivo:

Descripción	Tiempo Estimado	Fecha de Terminación

Obstáculos Que Pueden Surgir	Como Voy A Responder

Herramientas Útiles	Recursos Útiles

Aunque las personas deben centrarse en el positivismo, nunca deben olvidar que todo su futuro está en sus manos. Al reconocer la influencia de sus propias decisiones, tienen que reconocer que están a cargo de su vida. En consecuencia, significa que cada persona debe trabajar duro para alcanzar el éxito porque rara vez ocurre de la noche a la mañana (Zapata, 2022). Aunque el apoyo pueda venir de fuentes inesperadas, las personas siempre deben contar sólo consigo mismas cuando se trata de su desarrollo personal. Por lo tanto, tienen que cultivar habilidades de liderazgo esenciales. Por ejemplo, cada persona debe recordar que para alcanzar el éxito en una determinada carrera profesional, es importante pasar cientos e incluso miles de horas realizando tareas que sean relevantes para esta profesión. Cuando las personas están dispuestas a trabajar duro, entienden que es crucial asumir sus errores y corregirlos. Por lo tanto, esta determinación les anima a aceptar retos y convertirlos en oportunidades de desarrollo. Manifestarse por sí mismo no dará resultados considerables si un individuo desplaza constantemente las responsabilidades más importantes a otra persona. **De hecho, trabajar duro es lo que hace que una persona esté aún más motivada para poner en práctica sus objetivos y sueños.**

Colorea las Características de Trabajador que se Apliquen a Tu Caso:

Puntualidad y fiabilidad	Adecuación cultural
Iniciativa y flexibilidad	Espíritu de equipo
Motivación y prioridades	Comercializable
Aprendizaje y autosuficiencia	Orientación al detalle
Resistencia y perseverancia	Cualidades de liderazgo

Manifestar es un proceso que promueve la orientación positiva en la vida. Cuando los seres humanos tienen que trabajar duro para poner en práctica algunos planes que beneficiarán su futuro, tienen que invertir en su motivación, que impulsará su rendimiento. Para ello, deben rodearse de personas, cosas y acontecimientos positivos. **Por ejemplo, los que quieren alcanzar el éxito deberían observar más de cerca a sus amigos, colegas y conocidos, que difunden negatividad.** Es importante minimizar el contacto con esas personas o dejar de comunicarse con ellas por completo. Estas personas pueden incluso sabotear el desarrollo de los demás, interfiriendo directamente en este proceso. Para aumentar el éxito de la manifestación, las personas tienen que asegurarse de que su círculo íntimo les apoya.

También es crucial consumir contenidos que difundan positividad. Muchas personas leen libros inspiradores que promueven creencias positivas. A otros les encanta ver películas que muestran historias de éxito de los mayores líderes, que consiguieron cambiar el mundo a mejor. Algunos prefieren explorar las charlas motivacionales de TED, que comparten las ideas de investigadores que estudian la ciencia de la felicidad y la motivación.

Cuando se trabaja para alcanzar metas y sueños ambiciosos, **las personas también deben rodearse de hábitos y acontecimientos positivos.** Por ejemplo, es importante cultivar el sentimiento de alegría practicando yoga, haciendo donaciones a organizaciones que ayudan a los demás o haciendo voluntariado (Zapata, 2022). Estas acciones contribuyen a una sensación de plenitud, ayudando a las personas a experimentar emociones más positivas. Una de las mejores formas de buscar apoyo es asistir a eventos que promuevan el desarrollo personal. Hay muchos programas de formación, reuniones de grupos mastermind, talleres y seminarios, que ayudan a los participantes a desarrollar nuevas habilidades y a aprender unos de otros. Al asistir a este tipo de eventos, la gente aumenta su motivación y se mantiene centrada en su plan. Este tipo de entorno suele ayudar a las personas con ideas afines a encontrarse. Por lo tanto, esta estrategia es una fuente importante de apoyo emocional que anima a las personas que manifiestan sus metas y sueños a mantener la confianza, la resistencia y la motivación.

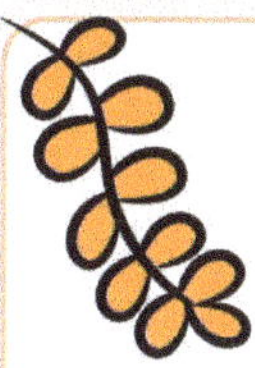

Rodéate De Grandeza

Adiós A Las Relaciones Negativas

Da La Bienvenida A La Gente Positiva y Buena

Sal De Tu Zona De Confort

Rodéate De Gente Inteligente Y Trabajadora

Conclusión

En general, la manifestación es un proceso que ayuda a las personas a transformar sus vidas. Promueve la idea de que si la gente cree de verdad en ciertas cosas, las atraerá. Aprovechando la fuerza de voluntad y el pensamiento positivo, la manifestación anima a la gente a fijar sus objetivos con claridad y a empezar a trabajar para conseguirlos. Mediante diferentes prácticas, como recitar afirmaciones positivas, escribir en un diario y crear tableros de visión, las personas pueden aumentar su motivación y mantenerse más centradas. Es esencial recordar que cada persona tiene recursos internos para vivir la vida de sus sueños.

Referencias

- **Davis, T. (2023). How to manifest something (manifest love, money, or anything).** https://www.berkeleywellbeing.com/how-to-manifest.html

- **Earley, B. (2021, March 24). Here's how to make a vision board for manifestation.** https://www.oprahdaily.com/life/a29959841/how-to-make-a-vision-board/

- **Raypole, C. (2020, September 1). Positive affirmations: Too good to be true?** https://www.healthline.com/health/mental-health/do-affirmations-work

- **Weintraub, J., Cassell, D., DePatie, T. (2021). Nursing flow through 'SMART' goal setting to decrease stress, increase engagement, and increase performance at work.** Journal of Occupational and Organizational Psychology, 94(2), 230-258. https://doi.org/10.1111/joop.12347

- **Zapata, K. (2022, July 23). How to manifest anything you desire.** https://www.oprahdaily.com/life/a30244004/how-to-manifest-anything/

www.ingramcontent.com/pod-product-compliance
Lightning Source LLC
Chambersburg PA
CBHW040200110726
48005CB00018B/2837